AF461557

Collection de M. SCHAEFER, professeur à Trèves.

MONNAIES

ROMAINES, TRÉVIROISES, ETC.

VENTE AUX ENCHÈRES PUBLIQUES

HÔTEL DES COMMISSAIRES PRISEURS, RUE DROUOT, 9

Salle n° 4, au 1er étage,

Le 17 Février 1892, à 2 heures précises.

Exposition une heure avant la vente.

AVEC PLANCHES, PRIX : UN FRANC

Commissaire Priseur :
Me MAURICE DELESTRE
RUE DROUOT, 27

Expert :
M. J. FLORANGE
QUAI MALAQUAIS, 21

PARIS 1892

La Collection que je mets en vente publique aujourd'hui a été formée dans le pays de Trèves.

Elle contient beaucoup de pièces trouvées dans la vieille cité des Trévires et dans ses environs, et renferme plusieurs raretés, notamment les numéros suivants : 5, 56, 89, 134, 135' 193, 202, 216 et 305.

MONNAIES

ROMAINES, TRÉVIROISES, Etc.

MONNAIES ROMAINES

1 *Romano-Campanienne.* Tête de Janus. ℞. ROMA. Jupiter dans un quadrige, à dr. (Bab. 23) Æ. B.

2 *Julia.* (Bab. 11). — *Junia* (Bab. 31) Æ. Deux p. B.

3 *Marc-Antoine et Octave.* (Coh. 8) Æ. — Fulvie. Æ. Q. (3). Deux p. B.

4 *Octave-Auguste.* ℞. Taureau, à g. PB. (36). — ℞. Apollon Actien debout, à dr. (163) Æ. — ℞. S.C. Foudre ailé. MB. (249). — ℞. SIGNIS RECEPTIS. Bouclier (265 et 266), 2 var. Æ. Cinq p. B.

5 — (*Maria*) AVGVSTVS DIVI F. Sa tête nue, à dr.; le tout entouré d'une couronne de laurier. ℞. C.MARIVS.C.F. TRO.III.VIR. Prêtre voilé debout, à g. (455 var.) Æ. B.

6 *Tibère.* Tête laurée, à dr. ℞. Livie assise, à dr. (16) Æ. B.

7 — Tête laurée, à dr. ℞. TR POT XVI (en légende) IMP VII (à l'exergue). Tibère dans un quadrige, à dr. (45) Or. B.

8 *Drusus.* ℞. PONTIF etc.; dans le champ, S.C. (2). — *Antonia.* ℞. Antonia voilée debout, à g. (6). — *Caligula.* ℞. Vesta voilée assise, à g. (27) MB. Trois p. B. et AB.

9 *Agrippine et Claude.* AGRIPPINAE AVGVSTAE. Buste d'Agrippine, à dr. ℞. TI.CLAVD.CAESAR, etc. Tête laurée de Claude, à dr. (3) Or. B.

10 — La même médaille. (4) Æ. AB.

11 *Néron.* NERO CAESAR AVGVSTVS. Tête laurée, à dr. ℞. IVPPITER CVSTOS. Jupiter assis, à g. (118) Or. TB.

12 — Tête laurée, à dr. ℞. Aigle entre deux enseignes militaires. (356) Æ. AB.

13 *Galba*. ℞. Livie debout, à g. (55) Æ. — ℞. ROMAR.XL. S.C. Rome debout, à g. (193) GB. — ℞. S P Q R OB C S dans une couronne. (287) Æ. (2 p.). Quatre p. AB.

14 *Othon*. ℞. La Sécurité debout, à g. (15). — *Vitellius*. ℞. La Concorde assise, à g. (21). — ℞. Trépied. (111) Æ. Trois p. B. et AB.

15 *Vespasien*. IMP CAESAR VESPASIANVS AVG. Sa tête laurée, à dr. ℞. COS ITER. TR. POT. La Paix assise, à g. (Coh. 1re éd. n° 35). Gravée. Or. TB.

16 — ℞. La Félicité debout, à g. (152) MB. — ℞. La Judée assise, à dr. (226) Æ. — ℞. Victoire volant, à g. (464 var.) MB. — ℞. Vesta assise, à g. (561) Æ. Quatre p. B. et AB.

17 *Vespasien, Titus et Domitien*. IMP. CAESAR. VESPAS. AVG. Tête laurée de Vespasien, à dr. ℞. LIBERI IMP. VESPAS. Têtes nues de Titus et de Domitien en regard (11 var.) Æ. AB.

18 *Titus*. Sa tête laurée, à dr. ℞. ANNONA AVG. L'Abondance assise, à g. (16) Or. B.

19 — Sa tête laurée, à dr. ℞. Quadrige, à g. (336) Æ. B.

20 *Domitien*. Sa tête laurée, à dr. ℞. COS V. Sarmate à genoux, à dr., présentant une enseigne militaire (48) Or. B.

21 — Sa tête laurée, à dr. ℞. Pallas (252, 261 et 282) Æ. Trois p. B.

22 *Nerva*. Æ. (3, 48, 46 et 117) et MB. (21 et 73). Six p. AB.

23 *Trajan*. Æ. (9 et 241) GB. (7 et 531) et MB. (618). Cinq p. AB.

24 *Adrien*. ℞. L'Egypte couchée, à g. (100). — ℞. L'Afrique couchée, à g. (136). — ℞. FELICITATI AVGVSTI. Vaisseau (712). Æ. Trois p. TB. et B.

25 — Tête nue, à dr. ℞. VICTORIA AVG. Victoire marchant à dr. (1459) Gravée. Or. TB.

26 — Buste nu, à dr. ℞. VOTA PVBLICA. Adrien sacrifiant, à g. (1481) Æ. B.

27 *Sabine*. ℞. Vesta assise, à g. (81 et 82.) Æ. et GB. Deux p. AB.

28 *Aelius*. ℞. TR. POT. COS II. La Piété debout, à g., levant la main droite et tenant de la main gauche une boite à parfums; à ses pieds, un autel allumé. (36 var.) Æ. AB.

29 — ℞. TR.POT.COS.II. La Félicité debout, à g. (50) Æ. B.

30 *Antonin*. ℞. L'Equité debout, à g. (14). ℞. La Santé assise, à g. (1023) Æ. Deux p. B.

31 — Sa tête laurée, à dr. ℞. MONETA AVG. S.C. La Monnaie debout, à g. (556) douteux. GB. AB.

32 — ANTONINVS AVG PIVS PPIDD COS III. Sa tête laurée, à dr. ℞. TR. POT. COS III. La Louve, à dr., allaitant Romulus et Rémus. (917 var.) GB. AB.

33 *Antonin et Marc Aurèle*. Tête laurée d'Antonin, à dr. ℞. Têt. nue de Marc Aurèle, à dr. (15) Æ. B.

34 — Tête laurée d'Antonin, à dr. ℞. Tête nue de Marc Aurèle jeune, à dr. (29) MB. B.

35 *Faustine mère*. Son buste, à dr. ℞. L'Eternité voilée, debout (26). — ℞. Trône (61). — ℞. La Piété debout, à g., auprès d'un autel. (234). Æ. Trois p. B.

36 — ℞. CONSECRATIO. Vesta debout, à g., auprès d'un autel. (164) MB. AB.

37 *Marc Aurèle*. ℞. L'Espérance march. à g. (103). — ℞. La Piété debout, à g. (464). — ℞. La Providence debout, à g. (518). — ℞. L'Equité debout, à g. (701). Æ. Quatre p. TB. et B.

38 — ℞. La Santé debout, à g. (564) GB. — ℞. L'Equité assise, à g. (821). MB. Deux p. AB. et B.

39 — Buste lauré et drapé, à dr. ℞. TR. P. XXII. IMP. IIII. COS. III. Victoire marchant à g. (894) trouée. Or. B.

40 *Faustine jeune*. ℞. Paon de face (71). Æ. — ℞. Paon, à g. (72). GB. — ℞. Vénus debout, à g. (266) Æ. Trois p. AB. et B.

41 *Lucius Verus*. ℞. La Providence debout, à g. (144). — ℞. Mars debout, à dr. (229). — ℞. Victoire debout, à dr. (279). — ℞. TR. P. VI, etc. L'Equité debout, à g. (297 var.). Æ. Quatre p. TB. et B.

42 *Commode*. ℞. Jupiter assis, à g. (486) Æ. — ℞. PM.TR. P.XI, etc. Commode assis, à g., couronné par la Victoire. (506). GB. avec très belle patine verte. Deux p. B.

43 *Pertinax*. Tête laurée, à dr. ℞. AEQVIT AVG, etc. L'Equité debout, à g. (2) Æ. AB.

44 *Pescennius Niger*. IMP CAES C PESCENIGERISTI AVG. Tête laurée, à dr. ℞. La Fortune debout, à g. (280). Coin de Becker. Æ. B.

45 *Albin*. Tête nue, à dr. ℞. Minerve debout, à g. (48) Æ. B.

46 *Septime Sévère*. Tête laurée, à dr. ℞. Sévère voilé, debout à g. (203). — ℞. Mars debout, de face. (321). — ℞. Jupiter debout, à g. (469). Æ. Trois p. TB. et B.

47 — ℞. Eléphant march. à dr. (351) GB. AB.

48 *Julie Domne*. Son buste, à dr. — ℞. Cérès assise, à g. (14). — ℞. La Joie debout, à g. (101). — ℞. Cybèle assise, à g. (123). — ℞. Vénus debout, à dr. (194). — ℞. Vénus debout, à g. (198). — ℞. Vénus assise, à g. (212). Æ. Six p. B. et AB.

49 *Caracalla*. ℞. La Félicité debout, à g. (64). — ℞. Sérapis debout, de face. (295). — ℞. Mars debout, à g. (420). — ℞. La Santé assise, à g. (422). — ℞. Mars marchant à dr. (431). Æ. Cinq p. TB. et B.

50 *Plautille*. ℞. La Concorde debout, à g. (1). — ℞. Plautille debout, à dr. (16). Æ. Deux p. TB. et B.

51 *Géta*. ℞. Pallas debout, à g. (104). — ℞. L'empereur debout, à g. (159). Æ. Deux p. B.

52 *Géta et Elagabale*. P SEPT GETA CAES PONT. Buste de Géta, à dr. ℞. IMP. ANTONINVS AVG. Buste d'Elagabale, à dr. Moule en terre cuite provenant de Trèves. TB.

53 *Macrin*. Son buste lauré, à dr. ℞. L'Abondance debout, à g. (47) Æ. AB.

54 *Diaduménien*. Buste nu, à dr. ℞. L'empereur debout, à g. (3) Æ. B.

55 *Elagabale*. ℞. La Fidélité assise, à g. (31). — ℞. La Libéralité debout, à g. (79). — ℞. La Paix marchant à g. (120). — ℞. La Providence debout, à g. (145). Æ. Quatre p. B.

56 — IMP ANTONINVS PIVS AVG. Son buste lauré, drapé et cuirassé, à dr. ℞. LIB AVG II (à l'exergue) PM TR P II COS II PP. Elagabale assis, à g., sur une estrade; devant lui, la Libéralité debout; au pied de l'estrade, un citoyen montant les degrés. (74). Gravée. Or. FDC.

57 — Buste radié, à dr. ℞. Le Soleil marchant à g. (159). MB. Belle patine verte. B.

58 *Julia Paula.* Buste à dr. ℞. La Concorde assise, à g. (6). — *Aquilia Severa.* ℞. La Concorde debout, à g. (2). — *Julia Soaemias.* ℞. Vénus assise, à g. (14). — *Julia Maesa.* ℞. Junon debout, à g. (20). — ℞. La Pudeur assise, à g. (36). Æ. Cinq p. TB. et B.

59 *Alexandre Sévère.* IMP SEV ALEXAND AVG. Tête laurée, à dr. ℞. FORTVNAE REDVCI. La Fortune debout, à g. (63). Moule en terre cuite provenant de Trèves. TB.

60 — ℞. La Paix, à g. (183 et 187). — ℞. Le Soleil march. à g. (417). Æ. Trois p. B.

61 *Orbiane.* Buste diadémé, à dr. ℞. CONCORDIA AVGG. La Concorde assise, à g. (1) Æ. B.

62 *Mamée.* ℞. La Félicité debout, de face (17) 2 ex. — ℞. Junon assise, à g. (32). — ℞. Vénus debout, à g. (76). Æ. Quatre p. TB. et B.

63 — ℞. Junon assise, à g. (33) GB. avec belle patine noire. — ℞. Vénus debout, à dr. (63) MB. Deux p. B. et AB.

64 *Maximin I.* Buste lauré, à dr. ℞. La Fidélité militaire deb., à g. (13 var.) GB. B.

65 — Buste lauré, à dr. ℞. La Victoire courant à dr. (99) Æ. B.

66 *Maxime.* Buste nu et drapé, à dr. ℞. PRINC IVVENTVTIS. L'Empereur debout, à g.; derrière lui, deux enseignes. (10) Æ. B.

67 *Gordien d'Afrique père.* ℞. Victoire marchant à g. (13). Pièce fausse. Æ. AB.

68 *Balbin.* Buste, à dr. ℞. La Victoire debout, de face. (29) GB. AB.

69 *Pupien.* Buste radié, à dr. ℞. AMOR MVTVVS AVGG. Deux mains jointes. (1) Æ. B.

70 — Buste lauré, à dr. ℞. La Providence debout, à g. (34) GB. AB.

71 *Gordien le Pieux.* Buste radié, à dr. ℞. Le Soleil debout, à g. (9). — ℞. Jupiter debout, à g. (105). — ℞. La Joie debout, à g. (121). — ℞. Apollon assis, à g. (237). — ℞. La Providence debout, à g. (302). — ℞. L'Empe-

reur debout, à dr. (319). — ℞. La Sécurité debout, à g. (327). — ℞. La Victoire marchant à g. (357). — ℞. Hercule debout, à dr. (404). Æ. Neuf p. B.

72 *Philippe père.* Buste radié, à dr. — ℞. L'Equité debout, à g. (9 var.) — ℞. L'Abondance debout, à g. (25). — ℞. Quatre enseignes militaires (50). — ℞. Rome assise, à g. (165 et 171). Deux p. — ℞. Cerf marchant à dr. (182). — ℞. L'Espérance marchant à g. (220). — ℞. Victoire marchant à dr. (227). Æ. Huit p. TB. et B.

73 *Otacilie.* ℞. La Piété debout, à g. (39, 43 et 43) Æ. Trois p. — ℞. Hippopotame, à dr. (63). Æ. — ℞. Cippe. (69). MB. Cinq p. B.

74 *Philippe fils.* ℞. La Paix debout, à g. (23). — ℞. L'Empereur debout, à g. (57). Æ. Deux p. B.

75 *Trajan Dèce.* ℞. L'Empereur à cheval, à g. (4) Æ. — ℞. La Dacie debout, à g. (16 et 18) Æ. et GB. — ℞. Génie debout, à g. (43) Æ. Quatre p. B. et AB.

76 *Etruscille.* ℞. La Pudeur debout, à g. (17) Deux p. — ℞. La Pudeur assise, à g. (19) Deux p. Æ. Quatre p. B.

77 *Herennius.* Buste, à dr. ℞. L'Empereur debout, à g. (26) Æ. B.

78 *Hostilien.* Buste, à dr. ℞. Mars marchant à dr. (15) Æ. B.

79 *Trébonien Galle.* Buste, à dr. ℞. Apollon debout, à g. (20). — ℞. La Piété debout, de face. (85). Æ. Deux p. TB.

80 *Volusien.* Buste à dr. ℞. L'Equité debout, à g. (8). — ℞. Junon assise dans un temple rond. (43). — ℞. La Valeur casquée, debout, à dr. (133). Deux p. Æ. Quatre p. TB. et B.

81 *Emilien.* Buste à dr. ℞. Hercule nu, debout, à dr. (13) Æ. TB.

82 *Valérien père.* ℞. Le Soleil marchant à g. (142). — ℞. L'Orient présentant une couronne à Valérien. (189). Bil. Deux p. B.

83 *Mariniane.* ℞. Paon de face. (3). — ℞. Paon volant à dr. (16). Bil. Deux p. B.

84 *Gallien.* ℞. Centaure, à g. (73). — ℞. Trophée et deux Germains (308). — ℞. La Paix debout, à g. (750). —

℞. Pégase, à dr. (979). — ℞. Taureau debout, à dr. (983). — ℞. Victoire marchant à g. (1048). — ℞. Victoire courant à g. (1099). — ℞. Victoire courant à dr. (1065). — ℞. Gallien marchant à dr. (1206). — ℞. La Valeur debout, à g. (1236). — ℞. Mars marchant à dr. (1272). — ℞. L'Empereur debout, à dr. (1309). Bil. Douze p. TB. et B.

85 *Salonine.* ℞. Ségétia dans un temple (36). — ℞. Vénus assise, à g. (115) Deux p. — ℞. Vénus debout, à dr. (134). Bil. Quatre p. TB. et B.

86 *Salonin.* ℞. Aigle debout, à g. (2). — ℞. Aigle volant à dr. (5). — ℞. Instruments de sacrifice (41). — ℞. L'Empereur debout, à g. (81). Bil. Quatre p. TB. et B.

87 *Valérien jeune.* ℞. Vulcain dans un temple (2). — ℞. Le Soleil debout, à g. (5). Bil. Deux p. TB.

88 *Postume.* ℞. Victoire debout, à dr. (31). — ℞. La Félicité debout, à g. (39) Trois p. — ℞. La Foi debout, à g. (67 var.) — ℞. La Fortune debout, à g. (80) Deux p. — ℞. Hercule debout, à dr. (91). — ℞. Hercule debout, à g. (101). — ℞. Jupiter debout, à dr. (159) Deux p. — ℞. Vaisseau (167). — ℞. La Monnaie debout, à g. (199). — ℞. Le Soleil marchant à g. (213). — ℞. La Paix debout, à g. (215) Trois p. — ℞. La Paix march. à g. (220). — ℞. La Paix debout, à g. (227). — ℞. L'Empereur debout, à g. (243) Trois p. — ℞. Mars marchant à dr. (273). — ℞. La Providence debout, à g. (295) Deux p. — ℞. L'Empereur debout, à dr. (331). — ℞. La Santé debout, à g. (339). — ℞. Sérapis deb., à g. (360) Trois p. — ℞. La Fertilité debout, à g. (365). — ℞. Victoire marchant à g. (377) Deux p. — ℞. Hercule debout, à dr. (418). Bil. Trente-quatre p. TB. et B.

89 — Buste casqué, à g. ℞. QVINQNENNALES AVG. La Victoire debout, à dr. (310). Coin de l'aureus, en bronze. Très rare. M.

90 — Buste radié, à dr. ℞. Victoire marchant à g. (379). — Buste lauré, à dr. ℞. La Foi debout, à g., tenant deux enseignes. (72). GB. Deux p. B.

91 *Victorin père.* Sept p.; *Marius.* Buste radié, à dr. ℞. VIRTVS AVG. Soldat debout, à g. (22) et *Tetricus* père et fils. Dix p. Bil. Dix-huit p. B. et AB.

92 *Claude II*. Trois p.; *Quintille*, deux p.; *Aurélien*, trois p. *Sévèrine*, deux p.; *Tacite*, deux p.; *Florien*, une p.; *Probus*, deux p. PB. Quinze p. TB. et B.

93 *Carus*. PB.; *Numérien*, PB.; *Carin*, PB., deux p.; *Dioclétien* (34). PB., avec patine magnifique. Cinq p. TB. et B.

94 *Maximien Hercule*. MB. (106); deux PB.; Æ. (622) *Carausius* (194). PB. Cinq p. B.

95 *Allectus*. (31). PB.; *Constance Chlore*, MB., quatre p.; *Hélène* PB.; *Galère Maximien*. ℟. Génie debout, à g. (57). MB — ℟. VIRTVS MILITVM. Quatre soldats devant un camp. (220). Æ. *Licinius*, PB., six p. Quatorze p. B.

96 *Constantin I le Grand*. PB. frappé à Trèves. Vingt-cinq p var. TB. et B.

97 *Constantinople et Rome*. PB. frappé à Trèves et à Londres. cinq p.; *Fauste*, PB. (7); *Crispe*, PB. frappé à Trèves et à Londres, quatre p. Dix p. TB.

98 *Constant I*. FL·IVL·CONSTANS·P·F·AVG. Buste, à dr. ℟. Victoire assise, à dr. (130 var.) MB. bord martelé AB.

99 — Buste à dr. ℟. VICTORIA AVGVSTORVM. Victoire marchant à g.; à ses pieds, une palme; à l'exergue, SIS et une couronne. (135). Æ.M. B.

100 — Buste, à dr. ℟. VICTORIA AVGVSTORVM. Victoire marchant à g., tenant une palme et un trophée; à l'exergue, SIS et un croissant pointé. (137) Gravée. Æ. FDC.

101 *Constance II*. PB. frappé à Trèves et à Londres. Six p. B.

102 — Buste, à dr. ℟. GLORIA REIPVBLICAE. Rome et Constantinople tenant un bouclier sur lequel on lit : VOT XX MVLTXXX; à l'exergue, SMNC. (108) Or. FDC.

103 — Son buste casqué, de face. ℟. Même légende et même type que précédemment; sur le bouclier, on lit : VOT XXX MVLT XXXX; à l'exergue, ·SIRM. (112) Or. FDC.

104 *Julien*. Buste, à dr. ℟. Bœuf Apis. (74). GB. — ℟. VOT X MVLT XX dans une couronne; à l'exergue, PCONST et SCONST. (39). Æ. (2 var.). Trois p. TB. et B.

105 *Valentinien I*. Buste, à dr. ℟. RESTITVTOR REIPVBLI-

CAE. L'Empereur debout, de face; à l'exergue, SMLVG. (26) Or. B.

106 — Buste, à dr. ℞. VICTORIA AVGG. Valentinien et son fils, assis de face, soutenant un globe; derrière eux, une Victoire; à l'exergue, TROBS. (33) Or. TB.

107 — Buste, à dr. ℞. VOT V MVLT X dans une couronne. (44). — ℞. VOT X MVLT X dans une couronne; à l'exergue, SIS CP. (46). Brisé. Æ. Deux p. AB.

108 *Valens*. Buste, à dr. ℞. RESTITVTOR REIPVBLICAE. L'Empereur debout, de face; à l'exergue, SMNI. (32) Or. B.

109 — Buste, à dr. ℞. RESTITVTOR REIP. L'Empereur debout, de face; à l'exergue, PLVG. (29) Æ. AB.

110 — Buste, à dr. ℞. VRBS ROMA. Rome assise, à g.; à l'exergue, TRPS. (62) Æ. B.

111 — DN VALENS PER F AVG. Buste, à dr. ℞. VOT. X MVL. XX, dans une couronne; à l'exergue, ANT. (57) Æ. TB.

112 *Gratien*. Cinq p. diverses. PB. B.

113 — Buste, à dr. ℞. VRBS ROMA. Rome assise, à g.; à l'exergue, AQPS. (47) Æ. B.

114 — Buste, à dr. ℞. VIRTVS ROMANORVM. La Valeur assise, de face; à l'exergue, TRPS. (32) Æ. AB.

115 — Buste, à dr. ℞. VOTIS V MVLTIS X, dans une couronne; à l'exergue, S·M·L·A·P. et branche de laurier. (10) ÆM. Mod. 7; 4,5 gr. Gravée. TB.

116 *Théodose I*. Buste, à dr. ℞. VICTORIA AVGGG. L'Empereur debout, à dr., tenant le labarum et une Victoire, pose le pied sur un ennemi; dans le champ, AV; à l'exergue, COMOB. (21) Or. TB.

117 — Buste, à dr. ℞. VRBS ROMA. La Valeur assise, à g.; à l'exergue, R (étoile) B. (33) Æ. AB.

118 — Buste, à dr. ℞. Victoire marchant à g. (51) PBQ. B.

119 *Magnus Maximus*. ℞. REPARATIO REIPVB. L'Empereur debout, à g., relevant un ennemi; à l'exergue, LVGD. (14) MB. B.

120 — ℞. VICTORIA AVGVSTORVM. Victoire marchant

à g., tenant une couronne et un trophée; à l'exergue, SMTR. (10) Tiers de sou d'or. Gravée. TB.

121 — R. VIRTVS ROMANORVM. La Valeur assise de face; à l'exergue, TRPS. (12) Æ. Deux p. FDC et AB.

122 *Honorius*. Buste, à dr. R. VICTORIA AVGGG. L'Empereur debout, à dr., tenant un étendard et une Victoire, met le pied sur un captif; dans le champ, MD; à l'exergue, COMOB. (21) Or. TB.

123 — Autre, avec RV dans le champ.

124 — R. VIRTVS ROMANORVM. Rome assise, à g.; à l'exergue, MDPS. (32) Æ. AB.

125 *Constantin III*. DN. CONSTANTINVS P. F. AVG. Buste, à dr. R. VICTORIA AVGGG. L'Empereur debout, à dr., tenant un étendard et une Victoire et mettant le pied sur un captif; à l'exergue, TROBS. (3) Gravée. Or. FDC.

126 *Jovin*. Buste, à dr. R. VICTORIA AVGG. Rome assise, à g.; à l'exergue, TRMS. (4) Æ. B.

EMPIRE D'ORIENT

127 *Arcadius*. Buste, à dr. R. VICTORIA AVGGG. Type du n° 122. (Sab. 18) Sou d'or. TB.

128 — Buste, à dr. R. Rome assise, à g.; à l'exergue, ANPS. (27) Æ. AB.

128 *bis* — Trois pièces au type de la Victoire. PB. AB.

129 *Léon I*. Buste, à dr. R. VICTORIA AVGVSTORVM. Victoire debout, de face; à l'exergue, CONOB. Tiers de sou d'or. B., mais troué.

130 *Zénon*. Buste, à dr. R. VICTORIA AGTSORAYM. Type du précédent. Tiers de sou d'or. B.

131 *Anastase*. Buste, à dr. R. M surmonté d'une crosse et accosté de deux étoiles; à l'exergue, NIC. MB. AB.

132 *Justinien I*. Buste casqué, de face. R. VICTORIA AVGGGA. Victoire debout, à g.; à l'exergue, CONOB. (3) Sou d'or. B.

133 Monnaies romaines diverses, 36 pièces Æ. 100 gr. — 26 p. GB. — 75 p. MB. — 455 p. Bil. et PB.

TRÈVES

EMPEREUR ET ROI

Charlemagne.

134 Denier. CARO LVS, en deux lignes, A et R liés, cercle de grènetis. ℞. SPETRE, le P et l'E, l'R et l'E liés; le T est surmonté d'une croisette pattée. Point dans le P, dans l'E, dans l'R. Cercle de Grènetis. Gravée. TB.

Je place cette pièce à Trèves à cause du titre de Saint-Pierre, ce prélat paraissant, presque pendant tout le moyen âge, sur les monnaies émises par cet archevêché. Cette pièce a été trouvée à Trèves.

Louis IV l'Enfant.

135 Obole. ✠ LVDOVVICVS REX, entre deux grènetis; croix pattée cantonnée de quatre points. ℞. TREV ERIS en deux lignes; au centre, un point, cercle de grènetis. (Comp. Bohl, p. 4, n° 2 et le 1er suppl. à Bohl, n° 6.) Gravée. TB.

ARCHEVÊQUES

Eberhard (1047-1066).

136 Denier. ✠ EBERHARDVS ARCHIEPS. Buste du prélat, à dr., avec crosse. ℞. ✠ SPETRVS BELGCIV. Main accostée de quatre annelets, tenant deux clefs. (Bohl, p. 14, n° 1, var. — Dann., n° 475.) Gravée. B.

Udo (1068-1077).

137 Denier. ✠ VDO ARCHIEPISCOPVS. Buste nu, à droite, avec crosse. ℞. Sans légende. Croix chargée

d'une main qui bénit et cantonnée de alpha, oméga et deux étoiles. (Bohl, p. 16, nº 1. — Dann., nº 477.)

138 Variété de la pièce précédente. Sous les let[illegible] oméga, un point. Deux p.

Albéron de Montreuil (1131-1152).

139 Denier. AL.....RCIP. Buste crossé, de pro[illegible] ℞. .....ETRVS. Saint Pierre, de face, ter[illegible] (Bohl, p. 23, nº 2. — Dann., nº 490.)

Rodolphe de Wied (1183-1189).

140 Denier. RVD..... Buste nu, à g., avec crosse. [illegible] ALBA. Porte flanquée de deux tours. [illegible] nº 1, pl. 1, nº 1.) Deux var.

Anonyme de la fin du XIIe siècle.

141 Denier. Buste mitré, crossé et tourné à g. ℞ [illegible] qué de deux tours.

Thierry de Wied (1212-1242).

142 Denier. TEODERICVS. Buste mitré, tourné à dr. et tenant une crosse et un livre. ℞. TREVERIS. Edifice surmonté d'une croix et flanqué de deux tours; au dessous, une rosace. (Bohl, p. 9. nº 3.)

Anonymes du XIIIe siècle.

143 Denier. Personnage à mi-corps, de face, mitré, tenant une crosse et bénissant de la main droite. ℞. Edifice surmonté d'une croix et flanqué de deux tours.

144 Denier. Avers..... ℞. VRT ERIT. Edifice en forme de dôme, surmonté d'une croix. (Cf. Bohl, p. 10, nº 6.)

145 Autre. Mêmes types, avec TREV....

Arnould II d'Isenbourg (1242-1260).

146 Denier. ARNOLD. Buste mitré et crossé, à g. ℞. ✠ TREVERIS. Voûte surmontée de cinq tourelles; au dessous, une croisette. (Bohl, p. 25, nº 1, pl. 1, nº 1.)

147 Denier. Personnage à mi-corps, de face, mitré, regardant à g. et tenant une crosse et un livre. ℞. TREV ERIS. Edifice à deux étages; au dessous, une étoile. (Bohl, p. 25, n° 5, pl. II, n° 5.)

148 Variété de la pièce précédente, sans légende. L'édifice paraît être accosté des lettres E-V.

Henri de Fénétrange (1260-1286).

149 Denier. HENRICVS. Personnage à mi-corps, mitré, tourné à dr. et tenant la crosse et le livre. ℞. TREVE RENSIS. Clef en pal, accostée des lettres S-P. (Bohl, p. 29, n° 1, pl. II, n° 1.)

150 Denier. Personnage crossé et mitré, à mi-corps, vu de face. ℞. VRE.,RI. Edifice en forme de dôme.

Boémond de Warsberg (1286-1299).

151 Denier. BOMO DVS. Personnage crossé et mitré, vu à mi-corps, de face, tenant un livre. ℞. TRE VER IS. Ecu chargé d'une croix. (Bohl, p. 32, n° 2.)

152 Denier. BOM DVS. Type du droit précédent. ℞. TRE VER IS. Ecu chargé d'une croix. Dans le premier canton de la croix, une étoile. (Bohl, p. 31, n° 1, pl. II, n° 4.) Cinq p.

153 Denier. BOIE VIVD VS×. Ecu chargé d'une croix. ℞. TRE VEN. Buste archiépiscopal, de face. (Bohl, p. 32, n° 5.)

Baudouin de Luxembourg (1307-1354).

154 Denier. Archevêque, de face. ℞. Aigle et clef. (Bohl, pl. II, n° 14.)

155 Denier. Archevêque, de face. ℞. Deux clefs. (Bohl, p. 38, n° 11.)

156 Esterlin. Buste de l'archevêque, de face. ℞. Deux clefs posées en sautoir. (Bohl, p. 35, n° 1.)

Boémond de Sarbruck-Warsberg (1354-1362).

157 Gros tournois de Coblence. BOEMVDVS ⁑ AR× ×EPVS ⁑ TREVEN'. L'archevêque, de face, assis sur

un siège, porte sur sa poitrine l'écu à la croix (Trèves) et à ses pieds ses armes (écu chargé d'un sautoir brisé d'un lambel). ℞. (Petit écu à la croix.) XP'C : VINCIT : XP'C : REGNAT : XP'C : INPEAT en légende ext. et ✠ MONETA ⁝ CONFLVEN en lég. int. Au centre, une croix pattée. (Bohl, p. 44, nº 2 var.) TB.

158 Esterlin. ✠ BOEMVNDVS ✠. Tête mitrée, de face. ℞. ✠ ARCHIEPS × TREVEN. Deux clefs posées en sautoir. (Bohl, p. 45, nº 3.) B.

Conon de Falkenstein (1362-1388).

159 Florin d'or. (Deux clefs posées en sautoir.) CONO ⁝ ARCHIEPS ⁝ TREVEREN. Dans un trilobe, écu parti de Trèves et de Falkenstein. ℞. S·IOHA NNES·B. (Deux clefs posées en sautoir.) Saint Jean debout. (Bohl, p. 48, nº 2.) B.

160 Gros de Deutz. CVNO : AREPVS : TREVEREN. Saint Pierre à mi-corps, sous une arcade gothique accostée de deux petits écus (Trèves et Falkenstein). ℞. ✠ ADMIST : ECCE : COL' : MONETA TVYCI. Ecu parti aux deux croix (Trèves et Cologne), dans un contour formé alternativement d'arcs et d'angles. (Bohl, p. 65, nº 68.) B.

161 Gros de Trèves. ✠ CONO : ARCHIEPISCOPVS : TREVER. Ecu écartelé de Trèves et de Falkenstein, dans une épicycloïde à six lobes. ℞. ✠ COADIVTOR : DNI : COLONIENSIS en lég. ext. et ✠ MONETA : TREVER en lég. int. Au centre, une croix pattée. (Bohl, .) TB.

162 Gros de Trèves. CONO : ARCHEPS : TREVERNS. Type du nº 160. ℞. (Deux clefs posées en sautoir.) PER : GAL : ARCAN : MONETA : TREVERE. Ecu d'or à la croix chargée de l'écu de Falkenstein; contour épicycloïdal. (Bohl, p. 58, nº 39.) TB.

163 Gros de Trèves. CVNO : AREPVS : TREVEREN. Saint Pierre à mi-corps, sous une arcade gothique accostée d'un petit écu (Falkenstein) et deux clefs posées en sautoir. ℞. ✠ BNDICTV : SIT : NOME : DNI : NRI : IHV : XPI en légende extérieure et MONETA : TREVE en légende intérieure. Ecu écartelé (Trèves

et Falkenstein) au dessus de deux clefs en sautoir. (Bohl, p. 57, nº 33.) TB.

164 Tiers de gros de Coblence. CVNO AREPS TREVERENS : Saint Pierre à mi-corps; au dessous, un petit écu de Falkenstein. ℞. MON ETAC ONFL VENC. Croix pattée coupant la légende et cantonnée de douze globules. (Bohl, p. 60, nº 46.) AB.

165 Autres aux mêmes types avec TREVEREN : Deux p. variées. B. et AB.

166 Esterlin. ✠ CONO⁂DEI⁂GRA ✠. Tête de l'archevêque mitrée et vue de face. ℞. ✠ ARCHIEPS⁂TREVEN. Deux clefs en sautoir. (Bohl. p. 61, nº 54.) Deux var. TB.

Werner de Falkenstein (1388-1418).

167 Florin d'or de Coblence. VVERNER' AREP'×TR'. Saint Pierre à mi-corps, sous une arcade; dans le bas, l'écu de Falkenstein. ℞. ✠ MONETA❀NOVA❀ COVELEINSIS. Ecu parti de Trèves et de Falkenstein, dans un contour formé de trois arcs et de trois angles. (Bohl, p. 75, nº 17, var.) B.

168 Florin d'or de Wesel. WERNER' ARCP'×TRE'. Saint Jean debout. ℞. ❀ MONET∘ ∘ANOVA∘ ∘VVESAL'. Ecu parti de Trèves et de Falkenstein, accosté dans le haut des deux petits écus de Falkenstein et de Mayence; dans le bas, deux dauphins. Contour formé de trois ogives et de trois angles. (Bohl, p. 73, nº 11.) TB.

169 Gros de Trèves. VVERNER'×ARCIEPS'×TR'. Saint Pierre à mi-corps, sous une arcade gothique. ℞. (Deux clefs posées en sautoir.) MONETA ⁑ NOVA ⁑ TREVERENS'. L'écu parti de Trèves et de Falkenstein, dans un contour formé de trois arcs et de trois angles. (Bolh, p. 82, nº 49.) TB.

170 Autre aux mêmes types avec VVERNHER' ⁑ AREPS' ⁑ TR'. TB.

171 Gros de Wesel. VVERNER' ARC P'TRE'. Saint Jean debout. ℞. MONET★ ★ANOVA★ ★VVESAL'. Ecu parti de Trèves et de Falkenstein, accosté dans le haut de deux petits écus de Falkenstein et de Mayence; dans le bas, deux fleurs. Contour formé de trois ogives et de trois angles. (Bohl, p. 80, nº 34.) Rare. TB.

172 Gros de Wesel. WERNER'·AREPS'·TREVE. Saint Pierre à mi-corps, sous une arcade gothique. ℟. ✠ MONETA ⁑ NOVA ⁑ WESALIENSIS. Cinq écus (Falkenstein, Trèves, Mayence, Bavière et Cologne), dans un contour formé de quatre courbes et de quatre angles. (Manque dans Bohl.) Très rare. TB.

173 Gros de Trèves. ✠ WERNHE'×DEI'×GRA'×AREPS' ×TREV'× Ecu écartelé de Trèves et de Falkenstein. ℟. MONETA ⁑ N OVA ⁑ TREV'×. Saint Pierre debout, portant la tiare et tenant d'une main la croix, de l'autre la clef. (Bohl, p. 73, n° 32, pl. III, n° 32.) Gravée. Rare. TB.

174 Esterlin. Buste de l'archevêque, de face. ℟. Deux clefs posées en sautoir. (Bohl, p. 84, n° 59.) AB.

175 Schilling. Ecu parti de Trèves et de Falkenstein. ℟. Saint Pierre à mi-corps; devant lui, deux clefs en sautoir. (Bohl, p. 86, n° 63.) TB.

176 Autre avec l'écu écartelé dans une épicycloïde. (Bohl, p. 86, n° 65.) Deux ex. B.

177 Esterlin. ✠ WERNHE∘AREP∘TRE. Ecu parti de Trèves et de Falkenstein. ℟. STERLI N·TREV. Buste de l'archevêque, de face; devant lui, clef et épée posées en sautoir. (Bohl, p. 87, n° 70.) Rare. Un peu brisé. AB.

178 Esterlin. ✠ WERNHE ARCEPS. Buste archiépiscopal, de face; devant lui, un petit écu de Falkenstein. ℟. ✠ STERLIGN'∘NOWS'∘TRE. Clef et épée posées en sautoir. (Manque dans Bohl.) Très rare. B.

179 Pfenning. WERN. Croix pattée coupant la légende. ℟. Ecu parti de Trèves et de Falkenstein. (Bohl, p. 88, n° 71.) AB.

Otton de Ziegenhain (1418-1430).

180 Florin d'or de Coblence. OTTONIS ARCPI'★TRE'. L'Archevêque debout, de face; à sa gauche, dans le champ, un point. ℟. ✠ MONETA✶NOVA✶AVREA✶ COVE'. Ecu parti de Trèves et de Ziegenhain, dans un contour formé de trois arcs et de trois angles. (Bohl, p. 92, n° 6.) B.

181 Gros de Coblence. OTTONIS ⁝ ARCPI'*TREV'*. Saint Pierre à mi-corps, sous une arcade. ℟. *MON' *NOV' *COV* *ELE'. Ecu parti de Trèves et de Ziegenhain, entouré des quatre écus de Mayence, de Bavière, du Palatinat et de Cologne. Contour formé de quatre ogives et de quatre angles. (Bohl, p. 93, n° 10.) B.

182 Dreiling de Trèves. OTTONIS (deux clefs en sautoir) ARCP'*T'. Saint Pierre à mi-corps tenant devant lui l'écu épiscopal. ℟. ✠ MONETA ⁝ NOVA ⁝ TREVE'. Ecu écartelé de Trèves et de Ziegenhain. (Bohl, p. 95, n° 20.) B.

Ulric de Manderscheid (1430-1435).

183 Heller. Bractée portant l'écu de Trèves et de Manderscheid, (Bohl, p. 99. n° 2.) B.

Raban de Helmstadt (1430-1439).

184 Gros de 1438. *RABA' *ARCP'* TREVE'. Ecu écartelé de Trèves et de Helmstadt, entouré de trois petits écus (Mayence, Cologne et Bavière). Contour ogival. ℟. *A*DN'*MCC CC*XXXVIII*. Saint Pierre à mi-corps, sous une arcade gothique; devant lui, l'écu de Helmstadt. (Bohl, p. 102, n° 6.) Rare. B.

Jacques de Sierck (1439-1454).

185 Gros de Coblence. *IACOBVS* *ARCPI'*TR'. Saint Pierre à mi-corps sous une arcade gothique; dans le bas, l'écu de Sierck. ℟. *MONE'* NOVA' *COVE'. Ecu écartelé de Trèves et de Sierck, entouré de trois petits écus (Mayence, Cologne et Bavière). Contour ogival. (Bohl, p. 106, n° 8, var.) B.

Jean de Bade (1456-1503).

186 Gros de Coblence. *IOHANNES:ARCHIEPS'·TREVERS'. Saint Pierre à mi-corps, accosté des écus de Trèves et de Bade. ℟. *AVXILIVM*MEVM*A *DOMINO, en lég. ext. et GRO SVS CON FLS'. en lég. int.; au centre, une croix pattée coupant la légende et surmontée de l'écu de Bade. (Bohl. p. 111, n° 9.) B.

187 Schilling. **IOH' AEP' TREVER.** Saint Pierre à mi-corps; devant lui, l'écu parti de Trèves et de Bade. ℞. **MONE° °NOVA° ·CONF'.** Ecu écartelé de Trèves et de Bade, entouré des écus de Cologne et de Trèves, et d'une rosace. Contour ogival. (Bohl, p. 111, nº 11.) AB.

188 Heller. Bractée portant un écu parti de Trèves et de Bade. (Bohl, p. 113, nº 23.) Brisé.

Richard de Greiffenclau à Volrath (1511-1531).

189 Schilling. **°MO°RIE H°ARI °TRE°.** Ecu écartelé de Trèves et de Greiffenclau, accompagné de trois petits écus qui coupent la légende. ℞. **S°PET °AP°15..** Saint Pierre à mi-corps; devant lui, écu écartelé de Trèves et de Greiffenclau. (Manque dans Bohl.) AB.

190 Heller. Bractée à un écu écartelé de Trèves, Mayence, Bavière et de Cologne, et surmonté de R. (Bohl, p. 123, nº 12.) Deux ex. B.

Jacques d'Eltz (1567-1581).

191 Heller. Bractée à un écu parti de Trèves et d'Eltz, surmonté de I et accosté de **7-0.** (Bohl, p. 135, nº 15.) Trois exemplaires. B.

Jean de Schoenenberg (1581-1599).

192 Heller. Bractée à l'écu écartelé de Trèves et de Schoenenberg, accosté de **9-0.** (Bohl, p. 140, nº 17.) AB.

Lothaire de Metternich (1599-1623).

193 Ecu des mines de Vilmar. **✠·LOTHARIVS·D:G·ARCHIEP:TRE·PR°ELECTOR°.** Buste de l'Archevêque, à dr.; sur la branche du bras, L.S. ℞. (Lys.) **DONVM°DEI·EX·FODINIS°VILMARIENSIBVS°1617.** Ecu écartelé de Trèves et de Metternich, chargé en cœur de l'écu de Prum, timbré de trois heaumes cimés et lambrequinés, et accosté de la crosse et de l'épée. (Bohl, p. 149, nº 25. — Sch., 3972. — Mad., 423.) Gravée, dorée. B.

194 Pièce de six albus. **LOTARIVS·D·G· AR·T·R·E·.**

Saint Pierre debout; à sa gauche, dans le champ, ·VI·AL· ℞. CHVR (fleur) TRIER (fleur) LANT-MVNTZ (fleur). Ecu écartelé de Trêves et de Metternich, chargé en cœur de l'écu de Prum et surmonté de 1622. B.

195 Autre, aux mêmes types, avec LOTHARIVS D· G· ARCH·TRE et CHVR·TRIER·LAИDTMVИ 22. (Bohl, p. 150. n° 30, var.) B.

196 Petermännchen, sans date (deux var.), de 1621 (quatre var.) et de 1623 (deux var.) Huit ex. B.

197 Médaille (de Val. Maler), 1607. Portrait de l'empereur Rodolphe II entouré des portraits des six électeurs, parmi lesquels celui de l'archevêque de Trêves. ℞. Aigle impériale entourée des six écus des électeurs. (Herrg, tab. XIII, n° 27.) 18 gr. B.

Philippe-Christophe de Sœtern (1623-1652).

198 Petermännchen de 1625, 1628, 1630, 1647 (au St Philippe) et 1649. Cinq p. B.

199 Heller. Bractée à l'écu aux armes de Wissembourg et de Prum (porte surmontée de l'agneau). Cf. Engel et Lehr, n° 42. B.

200 Heller. Bractée à la croix de Trêves chargée de l'écu de Sœtern. (Bohl, p. 169, n° 47.) B.

201 Heller. Bractée à la croix de Trêves accostée de 2-4 et surmontée de T. (Bohl.) Rare, bord endommagé.

202 Médaille ovale. PHILIP·CHRIST·ARCH·TREV·PR·ELECT·EPS·SPIR. Buste de l'archevêque, à dr., avec collerette et habits brodés. Sur la tranche du bras, les lettres HG (?). ℞. Ecu écartelé de Trêves et de Sœtern, chargé en cœur de l'écu de Prum et de Wissembourg, timbré de trois heaumes cimés et lambrequinés, accosté d'une épée et d'une crosse; au dessous, 16-23. (Bohl, p. 170, n° 50. — C. Sch. 2281.) Exemplaire original à bélière, 52/45mm, 23 gr. Gravée, dorée. TB.

Charles-Gaspard de la Leyen (1652-1676).

203 Deux tiers d'écu. ✱ CARL·CASP·D:G·ARCH TREV·P·EL·ADM·PRV. Buste, à dr.; au dessous, $\frac{2}{3}$ ℞. ✕ CHVR·

TRIERISCHE·LANDT·MVNTZ·ANNO·1675. Ecu en forme de cœur posé sur un glaive et une crosse en sautoir, et timbré d'une couronne fermée. (Bohl, p. 175, n° 12.) FDC.

204 Petermännchen de 1652, 1653, 1654, 1655, 1656 (3 var.) et de 1657. Chiffres arabes au dessus de l'écu. 8 ex. TB. et B.

205 Petermännchen de 1658 (4 var.), 1659 (3 var.), 1661 (2 var.), 1662 (2 var.), 1663 (3 var.), 1666. Chiffres latins. 15 ex. TB. et B.

206 Petermännchen de 1667 (2 var.), 1668 (2 var.), 1669 (2 var.), 1670 (2 var.), 1671 (3 var.), 1672 (3 var.), 1673 (3 var.), 1674 (4 var.), 1675 (4 var.) et 1676. Chiffres arabes à côté du saint Pierre. 26 ex. TB. et B.

207 Pièce de 4 pfenning de 1668 (?) et de 1672. 2 ex. TB.

208 Heller. Bractée à la croix de Trèves chargée de l'écu de la Leyen. (Bohl, p. 180, n° 68.) 2 ex. B.

Jean-Hugues d'Orsbeck (1676-1711).

209 Pièce de trois albus en or. IOHAN·HVGO·D·G·ARCH·TREV·P·EL. Ecu écartelé de Trèves et d'Orsbeck timbré d'une couronne et posé sur une crosse et une épée en sautoir. ℟. SANCT, PETRVS. Saint Pierre dans les nuages; au dessous, III PETERMENTGER. (Manque dans Bohl.) Un ducat et demi. Gravée. TB.

210 Deux tiers de thaler. IOAN HUGO·D G·AR·TR S R·I·P·E·E·S. Son buste, à dr. ℟. MONE·NOVA·TREVIRENSIS·ANNI·1690 C ✠ L. Ecu ovale, écartelé de Trèves, Prum, Wissembourg et Spire, chargé en cœur de l'écu d'Orsbeck, timbré d'une couronne, posé sur une crosse et une épée en sautoir et supporté par deux palmes. Au dessous, $\frac{2}{3}$ dans un petit cartouche. (Bohl, p. 191, n° 35. TB.

211 Sixième d'écu de 1705 (Bohl, p. 193, n° 43) et pièce de trois albus de 1689 (Bohl, p. 194, n° 45), de 1692, 1693 (2 var.), 1694 (2 var.), de 1705, 1706 et de 1708 (2 var.) Onze p. TB. et B.

212 Albus dit petermännchen de 1677 (2 var.), 1678 (2 var.), 1679 (2 var.), 1680 (3 var.), 1681 (4 var.), 1682 (5 var.),

1683 (6 var.), 1684, 1686 (4 var.), 1687 (5 var.), 1688 et 1689. Trente-cinq ex. TB. et B.

213 Albus, 1678. Trois écus (Spire, Orsbeck et Wissembourg) sous une mitre. ℟. ✣I✣ ALBVS 1678 DXZ dans une couronne. (Bohl, p. 198, nº 80. — Harster, nº 142.) Demi-petermännchen de 1699, 1700, 1701 et 1702. — Bohl, p. 203, nº 118, 119 et 120.) Pièce de 4 pfenning de 1677 (2 var.), 1679 (3 var.), 1680, 1681, 1683 (3 var.) et une pièce de 2 pfenning sans date. Seize p. TB. et B.

214 Jeton. Sa mort. IOAN·HVGO·, etc. Trois écus ovales surmontés d'une couronne fermée. ℟. Légende en huit lignes. (Bohl, p. 211, nº 157 var. — Harster, nº 145.) TB.

Charles de Lorraine (1711-1715).

215 Pièce de trois albus de 1711, 1712 et 1715. AB.

Siège vacant (1715-1716).

216 Ecu. ✝ CAPITVLVM METROPOLITANVM TREVIRENSE. Ecu à la croix de Trèves sur laquelle saint Pierre issant des nuages, tenant les clefs et le livre. ℟. SANCTA HELENA FVNDATRIX ECCLESIÆ. Sainte Hélène debout, tenant devant elle la sainte robe; à l'exergue, SEDE VACANTE ANNO 1715. (Bohl, p. 217, nº 1.) Gravée. TB.

217 Demi-écu, aux mêmes types et à la même légende. (Bohl, p. 217, nº 2.) AB.

218 Quart d'écu, types et légendes comme ci-dessus. (Bohl, p. 217, nº 3.) Doré. AB.

219 Huitième d'écu, types et légendes comme ci-dessus. (Bohl, p. 217, nº 4.) Très mal conservé.

François-Louis, comte palatin de Neubourg (1716-1729).

220 Demi-petermännchen de 1722 (3 p.) et 1723 (3 p.) et pièce de deux pfenning de 1723. Huit p. B.

François-Georges de Schoenborn (1729-1756).

221 Kopfstück et demi-kopfstück de 1734. (Bohl, p. 229, nº 8

et p. 230, n° 10.) Kreutzer de 1730, 1732 (2 p.), 1744 (2 p.), 1745 (3 p.). Demi-petermännchen de 1748 et 1749 (2 p.) Treize p. B.

222 Pièce de deux pfenning de 1731, 1733, 1739 et 1743; pièce de deux pfenning de 1750 et de 1 pfenning de 1748 (2 p.), 1749 (2 p.) et 1750 (2 p.). Bil. et cuiv. Onze p. B.

223 Jeton obituaire. Ecu couronné et soutenu par deux lions. ℞. Légende en dix lignes. (Bohl, p. 236, n°s 49 et 51 [2 p.].) 3 gr. et 1 gr. Trois p. FDC. et TB.

Jean-Philippe de Walderdorf (1756-1768).

224 Thaler. IOAN·PHIL·D:G·A·E·TREV·S·R·I·P·EL·E·E· WORM·A·PR·P·P. Buste, à dr., sous lequel : E·G. ℞. 10 EINE MARK FEIN SILBER 1765. Ecu orné écartelé de Trèves, Worms, Prum et Trèves, chargé en cœur de l'écu couronné du prélat, timbré d'une couronne et posé sur une épée et une crosse en sautoir ; au dessous, G M. (Bohl, p. 242, n° 17.) FDC.

225 Pièce de neuf albus de 1757 (Bohl, p. 246, n° 36) et pièce de douze kreutzer au buste. (Bohl, p. 247, n° 44.) Deux p. B.

226 Pièce de six kreutzer de 1760, 1761, 1762, 1763 (2 var.) et 1764, et albus dit petermännchen de 1759 (5 var.) et de 1762. Douze p. B.

227 Pièce de quatre pfenning de 1758 (5 p.), 1759, 1761, 1764; pièce de deux pfenning de 1758, 1760 (2 var.) et 1761 (2 var.), et pièce de 1 pfenning de 1758. Cuivre. Quatorze ex. B. et AB.

228 Jeton obituaire. Armoiries et légende. (Bohl, p. 262, n° 118.) 3 gr. FDC.

Clément-Wenceslas de Saxe (1768-1794, 1803-1812).

229 Thaler. CLEM·WENC., etc. Buste, à dr. ℞. EPISC·AVG· A·P·P. COAD·ELV·1771. Ecu posé sur les insignes du prélat; au dessous, G M; à l'exergue, 10 EIN MARC F. (Bohl, p. 268, n° 7.) B.

230 Thaler de 1794. CLEM·WENC·, etc. Buste, à dr. ℞. EX VASIS ARGENTEIS, etc. Ecu de l'évêque. (Bohl, p. 270, n° 13. — Sch. 4056.) B.

231 Pièce de douze kreutzer au buste. (Bohl, p. 272, n° 21.); pièce de trois albus de 1789 (2 p.), 1791; pièces de un albus de 1789, 1790 et 1791; pièce de quatre pfenning de 1789 et de un pfenning de 1789 (2 p.). Dix p. Æ. et cuiv. B.

232 Bractée en argent représentant la Vierge portant l'Enfant Jésus et tenant, de la main droite, la sainte robe; dans le champ, A B en lettres gothiques, XVIe siècle. 34 [mm]. B. mais un peu brisée.

233 Une croix-reliquaire montrant la sainte robe et les instruments de la Passion, XVIIIe siècle. Cuivre doré. B.

234 Méd. ovale de 1844. Sainte Hélène tenant la robe du Christ. 3 gr. TB.

235 Kesselstadt (Franç.-Louis, baron de), écolâtre à Trèves, Mayence et Bleidenstadt. Méd. de Stieler, 1772. Légende sur un cartouche et l'écolâtre à genoux devant un autel. (C. Sch. 2096.) 29 gr. FDC.

MONNAIES DIVERSES

ANGLETERRE

236 *Henri III* (1216-72). Denier à la tête couronnée de face. ℞. RIC ARD ONL VND. Croix coupant la légende. B.

237 *Jacques I* (1603-1625). Crown s. d. Buste lauré, à g. ℞. Ecu écartelé, surmonté d'une couronne. 3/4 de ducat. B.

238 *Georges III* (1760-1820). Demi-penny de 1799. Buste, à dr. ℞. Britannia assise. Doré. FDC.

ALLEMAGNE

239 *Charles-Quint* (1519-56). Florin s. d. frappé à Anvers. L'Empereur à mi-corps, de face. ℞. (Couronne) DA× MIHI×VIRTVTE×, etc. Ecu sur l'aigle. (Koehler, n° 28 var.) Or. TB.

240 *Mathias II* (1612-19). Ducat de 1617. L'Empereur debout. ℞. L'aigle impériale chargée d'un écu. TB.

241 *Léopold I* (1658-1705). Méd. de G. Hautsch. Défaite des Turcs à Siklos, 1687. Buste de l'Empereur, à dr. ℞. Sept villes de la Hongrie. Bronze doré. TB.

242 *Charles VI* (1711-40). Méd. de Muller. Son couronnement à Francfort, 1711. Buste, à dr. ℞. Les insignes sur un autel. (C. Well. 7523.) 6 gr. FDC.

243 *Marie-Thérèse* (1740-80). Quart de ducat, 1743, pour la Transylvanie; 1/8 de ducaton, 1753, pour le Brabant. *Joseph II*. Ecu de 1785 pour la Hongrie. *Léopold II*. Ecu et jeton, 1791, pour le Brabant. Cinq p. TB.

BAVIÈRE

244 *Louis I* (1825-48). Ecu de 1828 « Segen des Himmels ». (Sch. 639); *Maximilien II* (1848-64). Double florin à la « Patrona Bavariae », 1855. Deux p. B.

BELGIQUE

245 *Léopold I* (1831-66). Méd. de Braempt. Inauguration du chemin de fer, 1835. Br. Deux p. TB.

246 — Méd. de Hart. Inauguration du chemin de fer de Verviers à Aix-la-Chapelle, 1843. Br. TB.

247 — Méd. de L. Wiener. Le prince héritier prête serment à la Constitution, 1853. Br. TB.

248 — Méd. de N. Dargent. Tir national, 1860. Br. TB.

FRANCE

249 *Louis I le Débonnaire* (814-840). Denier. XPISTANA RELIGIO. Temple tétrastyle. ℞. + HLVDOVVICVS IMP. Croix cantonnée de quatre globules. B.

250 *Charles le Chauve* (840-877). Denier de Saosnes et obole de Melle (Gariel, 76.) Deux p. TB.

251 *François I* (1515-47). Teston. Buste couronné, à dr. ℞. NO:NOBIS, etc. Ecu couronné accosté de deux F couronnés (Lyon). B.

252 *Louis XIII* (1610-43). Demi-franc, 1613 (Bayonne). B.

253 *Louis XVI* (1774-89). Méd. d'Oexlein, graveur à Vienne, 1783. LIBERTAS AMERICANA. (C. Fonrobert, nº 345.) Etain. AB.

254 — Méd. de F. Loos. Sa mort, 1793. 9 gr. B.

255 *Napoléon I* (1804-15). Méd. de Brenet, an XIII. Fêtes du couronnement données à l'Hôtel de Ville. (Millin et Millingen, pl. XXXII, nº 89.) 24 gr. TB.

256 — Méd. de Droz, 1806. Capitulation d'Ulm et de Memmingen, 1805. (Millin et Millingen, pl. XXXIV, nº 105. — Binder, nº 209.) 37 gr. TB.

257 *Louis XVIII* (1814-1824). Méd. octogone de Barre. Compagnie d'assurances générales à Paris, 1818. 12 gr. FDC.

258 *Napoléon III* (1852-70). Méd. de Caqué et de Wiener. Palais de l'Industrie, vue des galeries. Br. TB.

258 *bis* Vingt-sept pièces d'argent, 48 gr., et dix-sept pièces en cuivre. Quarante-quatre p.

HANOVRE

259 *Ernest-Auguste* (1837-1851). Méd. uniface, sans date, de Müller. Buste du roi, à dr., en uniforme. Fer. 98mm. TB.

HOLLANDE

260 *Louis Napoléon* (1806-1810). Ecu de cinquante stûver, 1808. (Millin et Millingen, pl. LVII, nº 357. — Sch. 1513.) TB.

POLOGNE

261 *Sigismond III* (1587-1632). Ort de 1624. AB.

PRUSSE

262 *Frédéric II* (1740-86). Ecu et demi-écu de 1750, A. — Méd. en bronze de Pfeuffer, 1840, avec la statue équestre de Frédéric le Grand. Trois p. TB.

263 *Frédéric-Guillaume III* (1797-1840). Croix pour 25 ans de service, bronze doré. — Méd. en bronze de Brandt, de 1818, avec les têtes du roi de Prusse et d'Alexandre I, empereur de Russie. Deux p. TB.

264 *Guillaume I* (1861-1888). Ecu de couronnement, 1861, et écu (siegesthaler), 1871. Deux p. TB.

WESTPHALIE

265 *Jérôme Napoléon* (1807-1813). Ecu de 1811. Mines de Mansfeld. (Millin et Millingen, pl. LVIII, n° 362. — Sch. 2580.) TB.

ECCLÉSIASTIQUES

266 *Benoît XI* (1303-1304). Bulle en plomb. B.

267 *Alexandre VIII* (1689-91). Teston de 1690 au pape et au saint Brunon. (Sch. 3017.) — *Benoît XIV* (1740-58). Scudo, 1753. (Sch. 3147.) Deux p. TB.

268 *Pie VI* (1775-99). Méd. de Rosa, 1775. Son élection. 17 gr. et demi-scudo de 1777. (Sch. 3165.) Troué. Deux p. TB. et AB.

269 *Grégoire XVI* (1831-46). Méd. de Girometti, 1843. Construction du viaduc (Gallori). 34 gr. TB.

270 *Pie IX* (1846-78). Méd. de Cerbara, 1846. Son élection. 32 gr. TB.

271 *Besançon*. Hugues II (1067-86). Denier. P. A. 121, 19. B.

272 *Liège*. .....ANV. Buste nu, à g. ℞. Edifice. — Maximilien. Henri de Bavière. Escalin, 1651. Deux p. B.

273 *Mayence*. Six bractées variées.

274 *Metz*. Deniers de Bertram, de Jacques de Lorraine, un denier anonyme et gros de Thierri Beyer de Boppart. Quatre p. B. et TB.

275 *Spire*. Marquart de Hattstein. Quatre p. bractées. B.

276 Siège vacant. Méd. de P.-P. Werner, 1743, avec les armoiries des chanoines de Warsberg, de Schoenborn, d'Eltz, etc. (Sch., 4781. — Harster, n° 164. — Zepernik, p. 182, n° 251, pl. XV, fig. 167.) 36,50 gr. TB.

277 *Wurzbourg*. Jean-Phil.-Franç. de Schoenborn. Gros obituaire de 1724. (Goetz, t. I, p. 109, n° 179.) FDC.

PRINCES

278 *Autriche.* Ferdinand, archiduc (1564-95). Ecu s. d. (C. Sch., 4215 var.) B.

279 *Hesse.* Philippe. Demi-gros de 1558. B.

280 *Hohenlohe.* Jean-Frédéric (1708-65). Demi-écu de 1730. (Mad., 4216.) B.

281 *Limbourg.* Marie de Bourgogne. Briquet frappé à Daelhem, 1479. B.

282 *Lorraine.* Charles I (1390-1431). Gros de Sierck. (De Saulcy, pl. VIII, fig. 8.) B.

283 *Luxembourg.* Jean l'Aveugle et Henri IV de Bar. Quart de gros. (Van Werv., 66 var.) — Wenceslas I (1352-83). Demi-gros. (Van Werv., n° 104 var.) AB.

284 — Wenceslas I. Gros aux écus de Brabant et de Luxembourg surmontés d'une couronne et à la croix étoilée. (Van Werv., n° 99.) B.

285 — Wenceslas I. Esterlin. (Van Werv., n° 106.) AB.

286 — Wenceslas II (1383-88). Gros aux types du n° 284. (Van Werv., n° 121.) B.

287 — Wenceslas II. Gros à l'aigle (Van Werv., n° 125. B.

288 — Josse de Moravie (1387-1409). Gros à l'écu écartelé et à la croix. (Van Werv., n° 130.) Deux var. TB. et B.

289 — Elisabeth de Gœrlitz (1415-43). Gros au lion sur champ burelé. (Van Werv., n° 142.) AB.

290 — Elisabeth de Gœrlitz. Gros à l'écu heaumé et à l'écu de Luxembourg. (Van Werv., n° 165.) B.

291 — Elisabeth de Gœrlitz. Demi-gros à l'aigle aux deux écus et à la croix. (Van Werv., n° 184.) AB.

292 — Charles II (1665-1700). Sol de 1700. (Van Werv., n° 224.) AB.

293 — Marie-Thérèse (1740-80). Pièce de douze sols, 1777; Joseph II (1765-90), pièce de douze sols, 1789. (Van Werv., nos 234 et 248). Deux p. B. et TB.

294 — Guillaume I (1815-40). Méd. de Grun, 1827. Ouver-

ture des routes et construction des ponts de fer. 66^{mm}. Fer. TB.

294 *bis* Méd. sans date. Ecu couronné aux armes du Grand Duché. ℞. Couronne. Br. 50^{mm}. FDC.

VILLES

295 *Aix-la-Chapelle*. Louis IV (1314-47). Esterlin. (Appel, t. II, p. 30, nº 2.) — Médaille en bronze de J. Wiener représentant le Munster. Deux p. AB. et TB.

296 *Cologne et Anvers*. Grande médaille de Hart, 1844. Premier anniversaire de la jonction de l'Escaut et du Rhin par chemin de fer. Br. TB.

297 *Francfort-sur-le-Main*. Jean, archiduc d'Autriche. Double florin de 1848. — *Goslar*. Gros, de 1545, à la Vierge. (App. IV, 1212.) Deux p. TB.

298 *Kaufbeuren*. Ecu, 1541, au buste de Charles-Quint. (C. Sch., 7028.) TB.

299 *Maestricht*. Denier. Buste, à g. ℞. Clef. — *Metz*. Gros au saint Etienne agenouillé. Deux p. B.

300 *Paris*. Méd. de J. et de Ch. Wiener représentant la cathédrale. Br. TB.

301 *Tournai*. Méd. de J. Wiener représentant la cathédrale. 60^{mm}. Br. TB.

302 *Ulm, Ueberlingen et Ravensbourg*. Schilling de 1502. B.

MÉDAILLES

303 Caius César, dictateur. Méd. italienne. Buste lauré, à dr. ℞. VENI VIDI VICI, en trois lignes, dans une couronne. 36^{mm}. Br. TB.

304 Daniels, H.-G.-W. Méd. de W. — Cologne, 1826. 42^{mm}. Br. FDC.

305 Daun, Léopold (comte de), prince de Thiano, seigneur de Callenborn, Sassenheim, etc., général feldmaréchal de l'empire. Méd. de L.-M. Weber, graveur à Florence, s. d.

Buste, à dr. ℞. Bellone assise sur des trophées. Très rare. 74^{mm}. Br. TB.

Ce personnage, né et mort à Vienne, descendait d'une famille originaire de l'Eifel. Plusieurs de ses ancêtres avaient rempli la charge de maréchal héréditaire du pays de Luxembourg. La seigneurie de Sassenheim se trouvait située entre Luxembourg et Longwy.

306 Elliot, G.-A. Méd. de Reich, 1783. Bombardement de Gibraltar. (Hauschild, n° 235. — C. Well., 13603.) 44^{mm}. Etain. M.

307 Frère Orban, ministre des finances. Méd. d'Alex. Geefs, 1860. Polymnie. 55^{mm}. Br. TB.

308 Napoléon, prince, président de la commission impériale. Méd. de Barre, 1855. 50^{mm}. Br. TB.

309 Ribbentrop (Fr. de). Méd. de König, 1838. 48^{mm}. Br. TB.

310 Simons, Pierre, ingénieur. Méd. de Veyrat, 1860. Inauguration de sa statue. Deux var. 50^{mm}. Br. FDC.

311 Terquetin, Ad.-Honoré, médecin dentiste. Jeton s. d. Cuiv. M.

312 Méd. de Sébastien Dadler, graveur, né à Strasbourg. Saint-Jean baptisant Jésus-Christ. ℞. Jésus entouré des petits enfants. 35 gr. TB.

313 Méd. allemande relative au mariage. 16 gr. B.

314 Méreau indéterminé. L'Annonciation. ℞. Ecu parti, surmonté d'une croix et supporté par deux figures. Cuiv. M.

315 Cinquante-neuf monnaies allemandes, italiennes, etc. Æ. 115 gr.

316 Soixante et onze monnaies allemandes, italiennes, etc. Cuiv.

317 Calendarium perpetuum. Fabric. hollandaise, XVIIIe siècle. 29 gr. Æ. TB.

318 Deux cachets en cuivre, dont l'un d'un comte de Fugger et l'autre du tribunal patrimonial de Höchenshain. TB.

PIÈCES DIVERSES PROVENANT DE TRÈVES

319 Deux bagues romaines en or, dont une porte un camée à l'aigle. 8 gr. TB.

320 Quatre bagues en argent du XVIIIe siècle. 13 gr.

321 Six croix des XVIIe et XVIIIe siècles. Æ. 28 gr.

322 Cachet en or avec pierres armoriées, XVIIIe siècle. 5 gr. TB.

323 Cachet en bronze. S. IEHANNE DE LAREY, XIVe siècle. TB.

324 Cachet en bronze. S. ELCCE VAN DER DANNE, XVe siècle. TB.

325 Cachet en bronze. S. SMAL. LALVB (?) XVe siècle. TB.

326 Cachet en bronze. Ecu parti, accosté de I-R, XVIe siècle. B.

LIVRES

327 DANNENBERG. — Die deutschen Münzen der saechischen und fraenkischen Kaiserzeit. Berlin, 1876, 2 vol. in-4, cart.

328 GARIEL, E. — Les monnaies royales de France, 1re et 2e parties. Strasbourg, 1883 et 1884. 2 vol. in-4, broch.

329 MIONNET. — De la rareté et du prix des médailles romaines, etc., 2e éd. Paris, 1827. 2 vol. in-8, relié.

330 WELZL DE WELLENHEIM. — Verzeichniss der Münz- und Medaillensammlung, etc. Wien, 1844 et 45. 2 vol. in-8, relié. Avec prix.

Les feuillets 529 à 561 du premier volume manquent et ont été recopiés très exactement.

MACON, PROTAT FRÈRES, IMPRIMEURS.

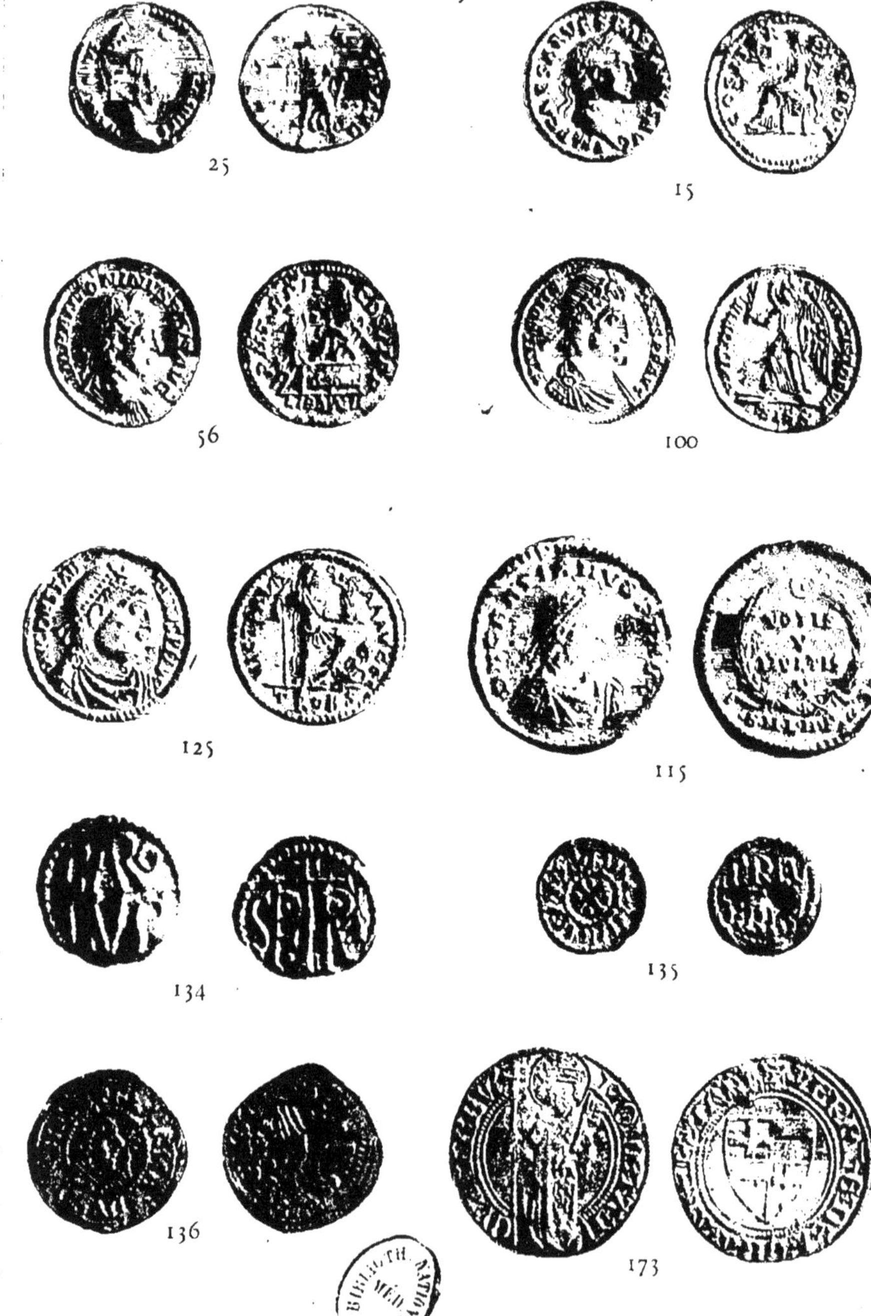
25
15
56
100
125
115
134
135
136
173

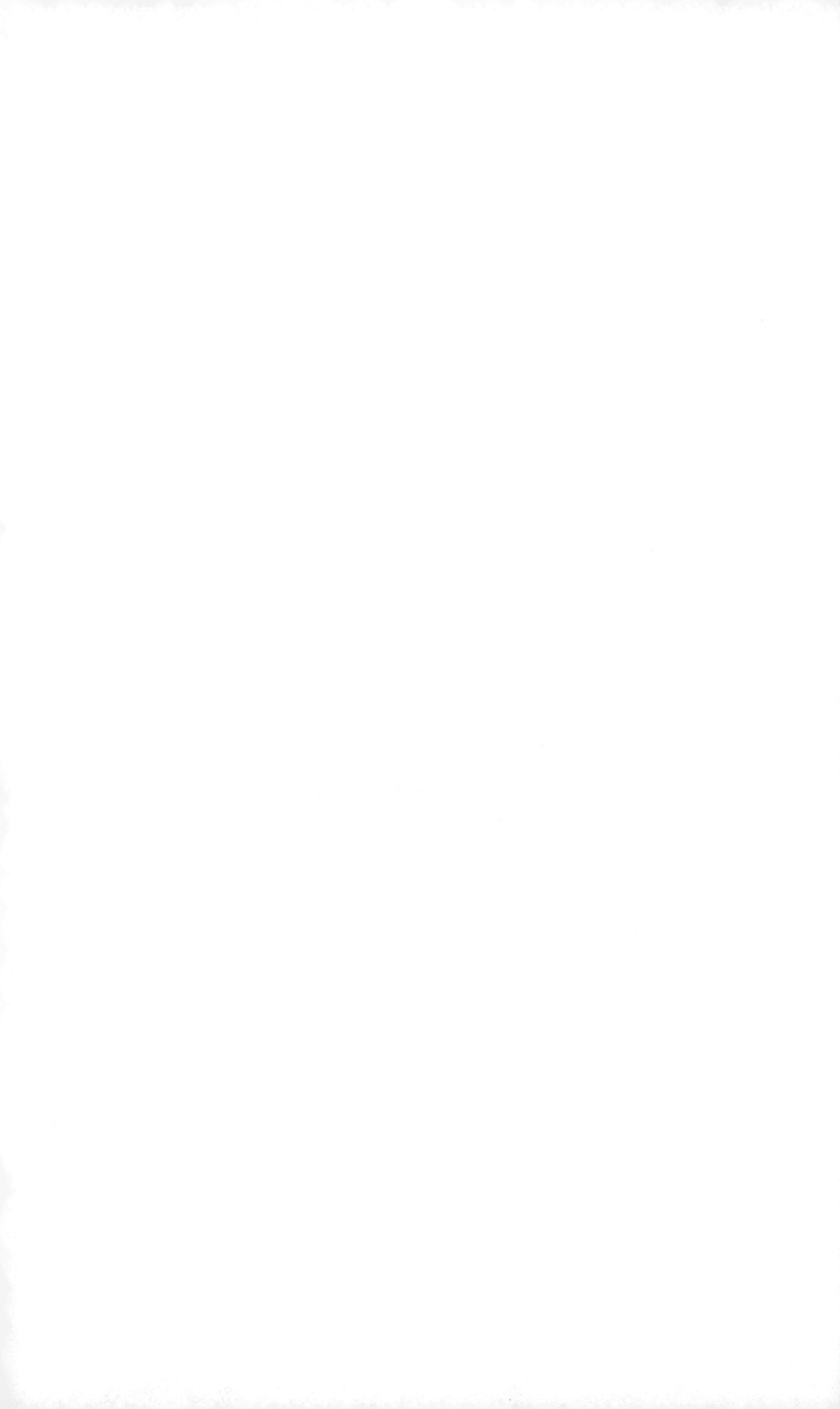

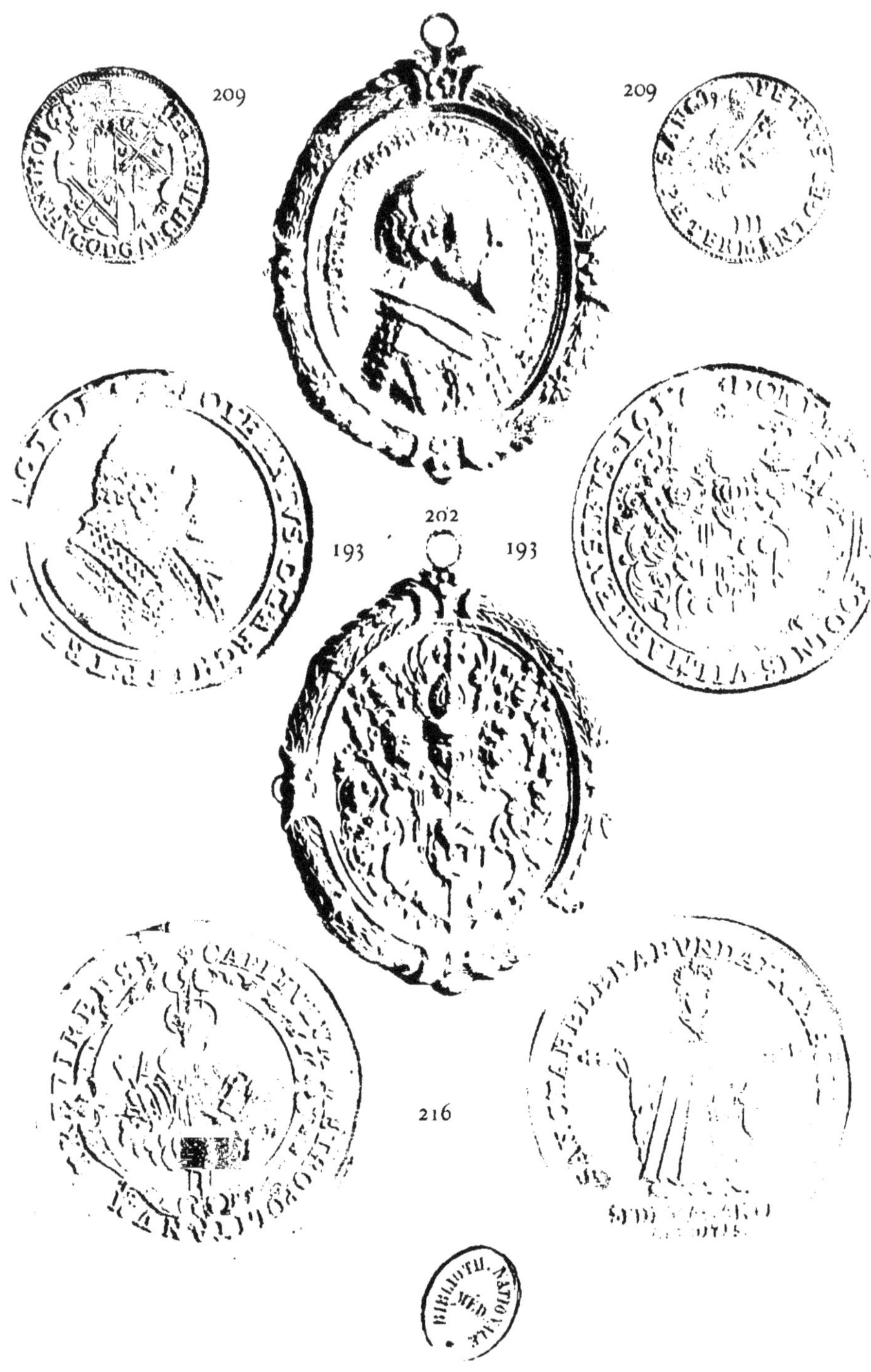

209 209

202

193 193

216

MACON, PROTAT FRÈRES, IMPRIMEURS

www.ingramcontent.com/pod-product-compliance
Ingram Content Group UK Ltd.
Pitfield, Milton Keynes, MK11 3LW, UK
UKHW021041180726
13838UKWH00004B/1930